Oficial de policía

Jeff Barger y
Pablo de la Vega

Rourke Educational Media
A Division of Carson Dellosa Education
rourkeeducationalmedia.com

CONEXIONES ROURKE

de la ESCUELA a la CASA

ANTES Y DURANTE LAS ACTIVIDADES DE LECTURA

Antes de leer: *construcción de los conocimientos del contexto y el vocabulario*

Construir los conocimientos del contexto puede ayudar a los niños a procesar nuevas informaciones y fortalecer los saberes que ya poseen. Antes de leer un libro es importante ahondar en lo que los niños ya saben sobre el asunto. Esto les ayudará a desarrollar el vocabulario e incrementar su comprensión lectora.

Preguntas y actividades para construir los conocimientos del contexto

1. Mira la tapa del libro y lee el título. ¿De qué piensas que tratará el libro?
2. ¿Qué sabes ya de ese tema?
3. Hojea un libro y echa un vistazo a sus páginas. Mira el índice, las fotografías, los pies de foto y las palabras en negritas. ¿Estas características del texto te dan alguna información o intuiciones acerca de lo que vas a encontrar en el libro?

Vocabulario: el vocabulario es clave para la comprensión lectora

Sigue estas indicaciones para iniciar una conversación acerca de cada palabra.

- Lee las palabras del vocabulario
- ¿Qué viene a tu mente cuando ves cada palabra?
- ¿Qué piensas que significa cada palabra?

Palabras del vocabulario:

- *autoridad*
- *cruce peatonal*
- *leyes*
- *tránsito*

Durante la lectura: *leer para entender y encontrar significados.*

Para lograr una comprensión profunda de un libro, hay que animar a los niños a hacer uso de estrategias de lectura atenta. Durante la lectura, es importante que los niños hagan pausas y conexiones. Dichas conexiones dan como resultado análisis más profundos y un mejor entendimiento del libro.

Leyendo con atención un texto

Durante la lectura, pide a los niños que hagan una pausa y hablen de lo siguiente:

- Cualquier parte confusa.
- Cualquier palabra desconocida.
- Texto con texto, texto con uno mismo, texto en conexión con el mundo.
- La idea principal de cada capítulo o encabezado.

Anima a los niños a usar claves contextuales para determinar el significado de cualquier palabra desconocida. Estas estrategias ayudarán al niño a aprender a analizar el texto de manera más completa durante la lectura.

Cuando acabes de leer este libro, ve a la penúltima página para encontrar una **actividad posterior a la lectura.**

Índice

Ayudantes comunitarios

Los ayudantes comunitarios están por todas partes.

Hacen que nuestra vida sea mejor.

Los oficiales de policía nos protegen.

POLICE
DEPT.

Las leyes

Las **leyes** son las reglas de los ciudadanos. Los oficiales de policía se aseguran de que obedezcamos las leyes.

SHERIFF
DEPT

La leyes nos mantienen seguros.
¿Por dónde podemos cruzar una calle?
Una ley nos dice dónde.

Diferentes trabajos

Los oficiales de policía hacen muchos trabajos. Nos enseñan sobre las leyes.

Los oficiales de policía dirigen el **tránsito**. Le dicen a los conductores a donde ir.

NYPD
NY PD

Algunos oficiales conducen autos.
Algunos van en motocicleta.

POLICE
PORT AUTHORITY

Los oficiales de policía usan un uniforme.
El uniforme tiene una placa.

Los oficiales de policía resuelven problemas.

Todos los días nos protegen del peligro.

Actividad

Una comunidad nueva

Qué necesitas

- marcadores
- papel
- lápiz

Instrucciones

Imagina que estás a cargo de comenzar una comunidad nueva. Piensa en las leyes que son importantes para mantener seguros a los miembros de la comunidad. Escribe o dibuja cinco leyes que necesites tener antes de comenzar una comunidad.

Glosario fotográfico

autoridad: el poder para hacer algo oficial o decir a otras personas qué hacer.

cruce peatonal: un lugar por donde los peatones pueden cruzar una calle seguros. Usualmente está marcado con líneas.

leyes: reglas establecidas e impuestas por el gobierno.

tránsito: todos los vehículos en movimiento en un camino en particular en un determinado momento.

Índice analítico

Actividad posterior a la lectura

Las leyes son las reglas de una comunidad. ¿Qué reglas hay en tu salón de clases? ¿Qué regla agregarías? Piensa en tu escuela y di tres reglas que pienses que serían buenas para ella.

Sobre el autor

Jeff Barger es escritor, bloguero y especialista en literatura. Vive en Carolina del Norte. Jeff está agradecido con los oficiales de policía porque protegen todas las comunidades.

www.rourkeeducationalmedia.com

Edición: Kim Thompson
Tapa y diseño interior: Kathy Walsh
Traducción: Pablo de la Vega
Edición en español: Base Tres

Photo Credits: cover, title page, p.7, 20, 22: ©kali9; p.5: ©Rawpixel.com; p.9, 22: ©RyanJLane; p.11, 22: ©monkeybusinessimages; p.13: ©Steve Debenport; p.15, 22: ©kaarsten; p.17: ©andrearoad; p.19: ©Sean Locke Photography

Library of Congress PCN Data

Oficial de policía / Jeff Barger y Pablo de la Vega
(Ayudantes comunitarios)
ISBN 978-1-73161-837-5 (hard cover - spanish)(alk. paper)
ISBN 978-1-73161-811-5 (soft cover - spanish)
ISBN 978-1-73161-978-5 (e-Book - spanish)
ISBN 978-1-73163-370-5 (ePub - spanish)
ISBN 978-1-73161-415-5 (hard cover - english)(alk. paper)
ISBN 978-1-73161-210-6 (soft cover - english)
ISBN 978-1-73161-520-6 (e-Book - english)
ISBN 978-1-73161-625-8 (ePub - english)
Library of Congress Control Number: 2019945784

Rourke Educational Media
Printed in the United States of America,
North Mankato, Minnesota